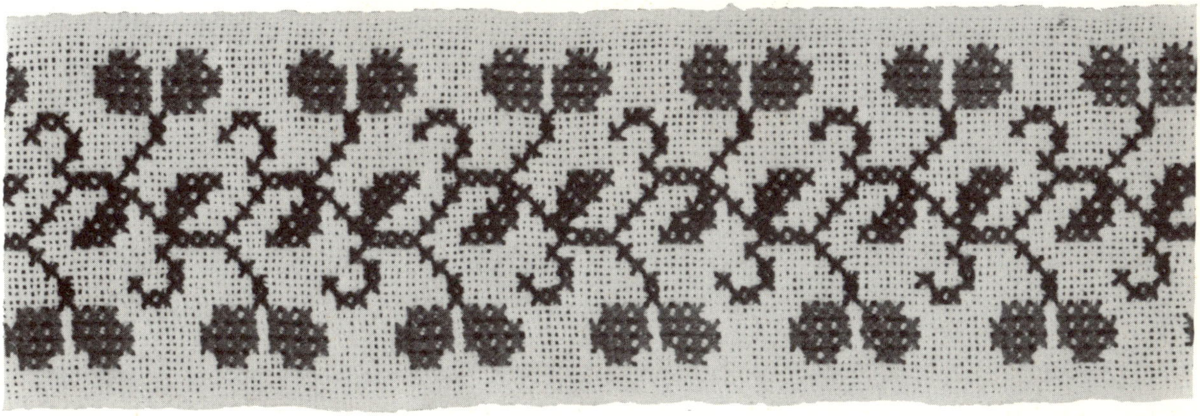

rosenheimer raritäten

Irmgard Gierl

Festliche Stickereien in Kreuzstich

rosenheimer

Inhalt

Darin waren unsere Vorfahren
klüger als wir,
denn in ihrem Universum
ließen sie sehr viel Platz
frei für die Magie,
warnten aber jedermann,
sich davor in acht zu nehmen.

J. B. Priestley

Mit großartiger Selbstverständlichkeit stand einst die Religion im Leben der Menschen. Wie die Dome über das Land hinragten, so beherrschte das Kirchenjahr vom Advent bis zur Auferstehung die Stufen des irdischen Wandels. Mit bedeutungsvollen Symbolen ragte die Wunderkraft des Jenseitigen ins Leben jedes einzelnen. Aber ebenso mischten sich heidnische Vorstellungen in die Glaubenswelt des Mittelalters, und sie sind bis heute noch nicht ganz verschwunden.
Freilich, vieles im Fühlen und Denken der Menschen hat sich verändert, alte Vorstellungen sind neuzeitlichen, von rationalem Geist bestimmten Anschauungen gewichen – auch auf dem Land, wo Überkommenes stets sorgfältiger bewahrt wird als in der urbanen Gesellschaft. Aber nirgends erhielten sich die alten Sitten unveränderter als in den Bräuchen des Jahreslaufes und in den Festen, die das menschliche Leben bei Geburt, Hochzeit und Tod begleiten. Die Bedürfnisse gerade des bäuerlichen Daseins waren zwar bescheiden im Alltag, doch wenn ein Fest gefeiert wurde, dann geschah dies mit entsprechendem Aufwand, nicht nur beim Mahl, sondern bei der gesamten Ausstattung. An Kleidung, Schmuck und Dekoration wurde alles aufgeboten, was die Kunstfertigkeit des ländlichen Handwerks und des bäuerlichen Handarbeitens an Farbigkeit und Pracht zu leisten vermochte.

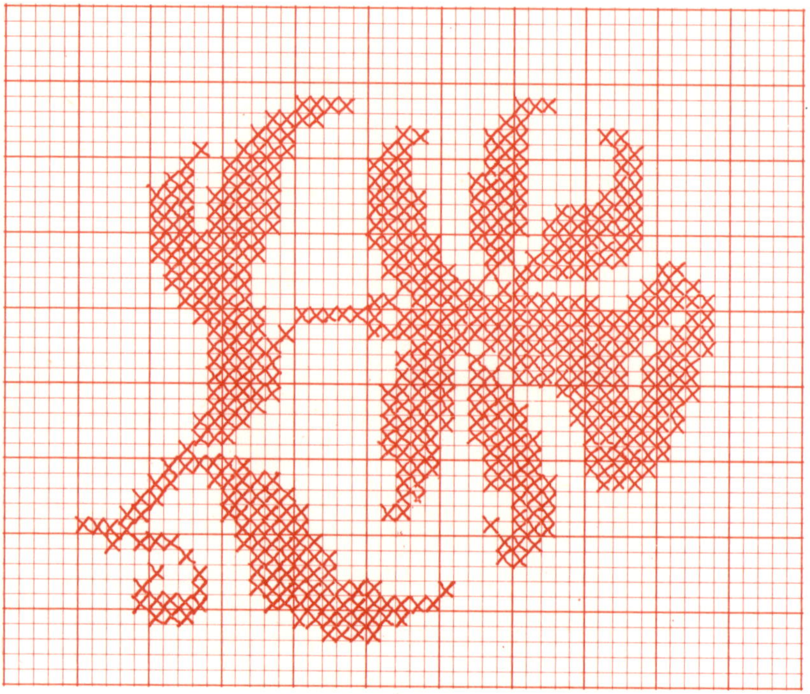

Hochzeit

So aufwendig uns die heutigen Hochzeitsfeierlichkeiten erscheinen mögen, sie nehmen sich bescheiden aus gegenüber den Gebräuchen unserer Altvordern in der Barock- und Rokokozeit. Damals hatte der Schreiner nicht nur das Mobiliar für die Schlafkammer zu liefern, er mußte es auch bemalen und dazu gegebenenfalls die Vertäfelung an Wänden und Decke. Wochenlang ging die Näherin im Haus der Braut ein und aus und führte ein strenges Regiment über die kichernde Schar ihrer Lehrmädchen, wenn sie Handtücher und Hemden, Kissenbezüge und Nachtjacken in den Brautkasten einrichteten. In die Zwischenräume schob man Wachsstöcke, bunte Schleifen und die »Haareisel«, eingedrehte Flachsbüschel. Der Brautkasten wurde nicht nur jedem Besucher gezeigt, sondern zusammen mit der übrigen Aussteuer auf dem geschmückten »Kammerwagen« ins Haus des Hochzeiters gefahren. Weil aber das ganze Dorf am Fest teilnahm, wurde alles aufgeboten, um den kritischen Blicken der Nachbarn standzuhalten. Nicht nur die Möbel erhielten immer prächtigere Malereien, auch die Brautleintücher und Kissen, die Handtücher und die Borten an den Schrankfächern wurden reich bestickt, ein Ausdruck des bäuerlichen Standes- und Ehrbewußtseins. Wäre der Brauch des Kammerwagenfahrens nicht so lange lebendig geblieben, hätten manche Kästen keine Bemalung, manches Leintuch keine Stickerei mehr erhalten.
Denn die Aussteuer lag ja nicht nur aufgestapelt in den Schubladen, vielmehr war das Bett mit all seinen Kissen und Polstern mit feinem Leinen bezogen, wobei die Stickerei voll zur Geltung kommen sollte. Darum sind die Verzierungen bei alten Kissenbezügen nicht etwa in der Mitte angebracht, wie wir es heutzutage gewöhnt sind, sondern auf der Schmalseite. So konnte man die mühselige Arbeit bewundern, auch wenn mehrere Kissen aufeinandergetürmt waren.
Um die Naht zu verdecken, bestickte man diese mit einer Borte, an die

sich ein aufwendiges Muster anschloß, das weit in die Kissenfläche hineinragte. Das Brautleintuch erhielt an der oberen Schmalseite reiche Stickereien (vgl. das Tuch aus dem Museum Bozen auf S. 35). Handtücher und Bettücher verzierte man mit großen Monogrammen.
Als im 15. Jahrhundert die Eckpfosten der Betten fast bis auf Mannshöhe verlängert wurden, entstand das Himmelbett, das mit Vorhängen ausgestattet war, und in den kalten, zugigen Häusern der alten Zeit hatte dieses kleine »Schlafhaus« seine gute, praktische Bedeutung.
Beim sogenannten »Schwanenstädter Fund«, der kurz nach 1670 eingemauert wurde, befanden sich rotgestickte Servietten und ein weißer, gestickter Bettvorhang. Aber auch die Eckkonsole unter dem Stubenherrgott wurde mit einem gestickten Tüchlein verziert, wenn man sich nicht mit einem »ausgenähten« Band zufrieden gab, das wie bei den Kastenfächern an die Stirnseite genagelt wurde. Man bestickte Wiegenbänder und Glockenzüge, in der Schweiz ist es Brauch, sogar die Türfüllungen mit einem besonders prächtigen Sticktuch zu verzieren, und auf dem mächtigen Tisch prangte die kunstvoll gearbeitete Hochzeitsdecke.

Hochzeitstischdecken

Im 14. Jahrhundert war es in Italien und Deutschland Brauch geworden, den Tisch mit feinem Tuch zu decken und an den Platz jeden Gastes ein verziertes Mundtuch zu legen. Besonders die Mailänder verstanden es, wunderschöne Muster in die leinenen Tücher zu weben. Deutsche Gesellen brachten diese Kunst über die Alpen. Hans Fugger webte in seiner Kammer das »feine Fuggersche Tafeltuch«. Er war unermüdlich im Entwerfen immer neuer Webmuster. »Durch verschiedenartiges Knüpfen von Kette und Schuß entstanden neue Mustervariationen – Blumen, Figuren, aber auch heraldische Zeichen. Denn immer mehr kam auch in wohlhabenden bürgerlichen Kreisen

der Brauch auf, ein Familienwappen zu führen, wollte man doch der adeligen Lebensführung nach Kräften nacheifern. Bei jeder Gelegenheit zeigte man daher sein Hauswappen, und bald prunkte es in den wohlhabenden Bürgerhäusern schon in Tischtuch und Servietten. Vor allem die reichen Zünfte der Bäcker und Schmiede gingen mit Eifer voran – alle wollten Tischtücher mit Familienwappen haben« (Eugen Ortner S. 21). Das »feine Fuggersche Tafeltuch« erzielte auf den oberdeutschen Märkten fast den gleichen Preis wie Seide!
Solch kostbare Tücher waren für den einfachen Bürger natürlich unerschwinglich. Sein Tisch war mit kräftigem Leinen gedeckt, das freilich für ein Tischtuch nicht breit genug gewebt werden konnte. Deshalb mußten zwei, manchmal drei Bahnen aneinandergefügt werden. Die Nähte aber zierte eine bunte Webborte, wie sie auf der Bandwirkerlade hergestellt wurde. Auf manchem spätgotischen Tafelbild ist eine solche Decke zu sehen. Die Pracht der Herren- und Patriziertafel ließ den Bürgersfrauen natürlich keine Ruhe. Was zu teuer war, um es zu kaufen, das konnte vielleicht mit eigener Handarbeit in ähnlicher Form hergestellt werden. So wird es gekommen sein, daß die Tischdecken bestickt wurden. Es war ja immer so im Volksbrauch, daß die ärmeren Leute das Vorbild der Reichen auf ihre Weise mit geringeren Mitteln nachahmten, wenn auch nicht für den täglichen Gebrauch, so doch für die höchsten Feste im Jahr.
Das Wiener Volkskundemuseum bewahrt mehrere Hochzeitsdecken aus Kärnten auf, die mit rauher, roter Wolle auf Leinen gestickt sind. Im Zentrum (Abb. 25) steht ein dreifacher Achtpaß, jener uralte Stern, der sich aus dem byzantinischen Medaillon entwickelt hat, weil er der Technik des Webens und Stickens besser entsprach. In dessen Mitte findet sich das Brautpaar – er mit der Pluderhose des 16. Jahrhunderts, sie mit einem hohen Kopfputz, der Brautkrone. Weitere vier Paare sind außerhalb des Sternes angeordnet. Eines der Mädchen hält einen Kranz in der Hand, das Muster auf der Schürze zeigt einen Pflanzensproß. Bei einer anderen ist ein Knabe eingestickt, der an seiner winzi-

gen Pluderhose als solcher zu erkennen ist, wobei damit entweder der Wunsch nach einem männlichen Erben oder ganz allgemein die Tatsache einer Schwangerschaft zum Ausdruck kommen sollte. Außerdem wachsen aus jeder Ecke des Achtsterns Herzsprossen, die symbolisieren, wie das blühende Leben aus einem liebenden Herzen erwächst. Auch der Außenrand, der mit einer bescheidenen Stickereiborte abschließt, wird mit diesen blühenden Herzen verziert, so daß das ganze reichbestickte Tuch ein Ausdruck des Wunsches nach Fruchtbarkeit und Nachkommenschaft ist, der damals wohl jeder ehelichen Verbindung innewohnte. Die Kreuzstiche auf dieser Decke sind heute braunrot und dunkelblau, möglicherweise waren sie ursprünglich dunkelrot und blau. Die Leinendecke besteht aus zwei Bahnen, die unbekümmert um die Farbzusammenstellung mit einer hellroten Wirkborte verbunden sind. An den vier Ecken befindet sich je eine kleine Wollquaste.

Eine andere Decke (S. 27) besteht aus vier Leinenquadraten mit je einem Stern in der Mitte, wobei Brautpaar und Herzsproß als Füllung abwechselt. Die Kanten sind mit Ecksprossen und Herzen verziert. Eine gewebte und eine gestickte Borte teilt die Fläche. Man kann diese Art der Flächenfüllung auch für andere Zwecke benützen, wie an dem Kissenbezug S. 26 zu sehen ist.

Die dritte Kärntner Hochzeitsdecke zeigt eine ungewöhnliche Anordnung. Auch sie besteht aus zwei Leinenbahnen. Eine davon nimmt die Mitte ein, die andere ist geteilt und links und rechts angesetzt. Die Naht bedeckt wie üblich eine rot-weiße Wirkborte. Obwohl kein Mittelstreifen nötig wäre, da es hier keine Naht zu verdecken gibt, ist eine gestickte Borte angebracht. Im Zentrum steht das Christusmonogramm in blumengeschmücktem Oval, aber auch auf die alten, glücksbringenden Lebenssprossen hat man nicht verzichtet. Überreich bedecken sie die Fläche, wobei die Anordnung auf den beiden äußeren Bahnen nicht mit der des Mittelteiles übereinstimmt. Es ist erstaunlich zu beobachten, wie gut das Problem gelöst wird: Wie ein Kranz umrahmen die verschieden gestellten Blütenzweige das Christusmonogramm, das auf den späteren Hochzeitsdecken den alten Achtstern verdrängt hat. Mit roter, rauher Wolle auf mittelfeines Leinen gestickt, hat diese Decke einen ungemein festlichen Charakter, ist doch die Stickerei von fast plastischer Wirkung. Aufgelegt, wie eine solche Decke in einer Stube des Klagenfurter Museums zu sehen ist, verbreitet sie einen ungemein festlichen Eindruck (S. 28).

Man könnte nun das Kapitel der Hochzeitsdecken beschließen, wenn sie nicht als einzige Stickerei das uralte magische Zeichen des Achtsterns aufwiesen, dem sicherlich eine ganz besondere Bedeutung zukam.

Der Empfangssaal im Heiligen Palast zu Byzanz war ein achteckiger Raum, den eine Kuppel krönte. An seinen Seiten bildeten acht Bögen zusammen mit der Mauer ebenso viele Apsiden. Seit dem frühen Mittelalter finden wir den Achtstern im sakralen Bereich so gut wie im weltlichen. Auf achteckigem Grundriß erhoben sich die Taufkirchen in Südfrankreich und der Provence, in Italien und Aquitanien. Die Alte Kapelle in Altötting, ein Bauwerk aus karolingischer Zeit, aber auch der Grundriß der ersten katholischen Kirche Schottlands in Whithron, die der hl. Ninian 397 gründete, zeigt die Form des Oktogons. Auch die wichtigste Kirche des Heiligen Römischen Reiches, die Krönungskirche von Aachen, war im Achteck erbaut. Sie wurde zum Vorbild für viele Sakralbauten jener Zeit, etwa die Kirche von Ottmarsheim im Elsaß.

Vielleicht geht diese Besonderheit auf die byzantinischen Militärbauten zurück, die später für die Burgen des Stauferkaisers Friedrichs II. (Castel del Monte) vorbildlich waren. Aber auch winzige Kleinigkeiten wie ein Fürspann im Germanischen Nationalmuseum zu Nürnberg aus dem 13. Jh. zeigen den Achtstern, der sicher als unheilabwendend galt. Diese Meinung bestätigt die Steinmetzarbeit auf einem romanischen Kapitell in St. Elne in Südfrankreich, wo neben einem Bannknoten ein achteckiger Stern die Säulen im Kreuzgang schmückt. Hier wird ganz deutlich, wie dieser Stern entstand. Zwei Quadrate sind übereck ineinandergestellt, und dabei erinnert man sich an die magische Bedeutung der Vierzahl, die sich in den vier Himmelsrichtungen, den vier Elementen und den damals bekannten vier Erdteilen ausdrückt.

Daß das Achteck aber nicht nur unheilabwehrend war, sondern geradezu ein Heilszeichen, bestätigt ein Mosaik in den Katakomben der Priszilla aus dem Beginn des zweiten Jahrhunderts, auf dem der Prophet Isaias auf den achteckigen Stern weist.

Es scheint eine starke innere Beziehung zwischen dem Sakrament der Ehe und dem Oktogon zu bestehen, sonst wäre es nicht auf den Hochzeitsdecken und nur hier verwendet worden. Auf der einen sind es drei verschieden große ineinandergestickte Achtsterne, auf der anderen sind es vier, die sich auf die vier Quadrate der Decke verteilen, und sicher kommt dieser Zahlensymbolik wiederum magische Bedeutung zu.

Im historischen Museum des Kantons Thurgau in Frauenfeld befindet sich eine Tischdecke mit Leinenstickerei aus dem Jahr 1610 – die einzige, auf der das Oktogon nochmals verwendet wird. Die Achtecke sind gefüllt mit Darstellungen aus der Tellsage. Die fünf Oktogone gaben die Anregung zu einer Stickerei, die Frau Margot Irwin, Radnor, Pennsylvania, USA ausführte. Sie nannte es »Midlife-portrait« und umgab es mit den Symbolen der vier Lebenszeiten (vgl. S. 31).

So wurde das alte Heilszeichen des Oktogons mit neuem Inhalt erfüllt, und es erstaunt uns Nachgeborene, wie lange sich das Wissen um die besondere Bedeutung des Achtecks im Volk erhalten hat.

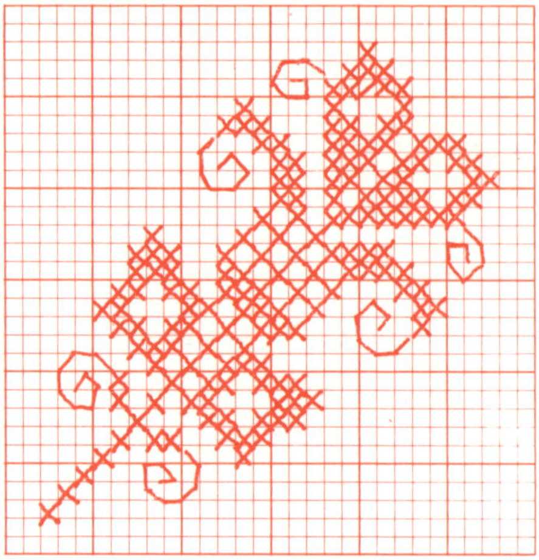

Hochzeitsdecke aus Kärnten

Zollfeld bei Klagenfurt
Blaue und braune Kreuzstichstickerei auf Leinen, um 1700
Volkskunstmuseum Wien (Abb. S. 25)

Die große quadratische Decke ist aus zwei Leinenbahnen zusammengesetzt, die Naht wird von einer bunten Wirkborte verdeckt. Die Mitte nehmen drei verschieden große Achtsterne ein, im innersten steht ein Brautpaar mit verschränkten Händen. An den Spitzen der beiden inneren Achtecke ist ein Blattsproß angesetzt, an den Ecken des äußeren je ein Herzblumensproß. Zwischen diesen wird die Darstellung eines Mannes und einer Frau viermal wiederholt. In den vier Ecken des Tischtuches sind Blumensprosse eingestickt und schmale Leisten mit Girlandenmuster. Nach altem Brauch schmückt jede der vier Ecken eine Wollquaste. In die Leiber der Frauen ist zweimal ein Kind eingestickt, dreimal ein blaues Sprossenmuster.
Originalgröße: 154 × 140 cm

Hochzeitsdecke

Leinenstickerei in Kreuz- und Zopfstich
Kärnten 18. Jahrhundert,
Volkskundemuseum Wien (Abb. S. 27)

Die Decke besteht aus zwei Leinenbahnen, die doppelt so lang wie breit sind. Sie werden der Länge nach zusammengenäht, eine rot-weiße Webborte verdeckt die Naht. Durch eine gestickte Borte (a) wird die Fläche quergeteilt, so daß vier Quadrate entstehen. Eines davon wurde in vereinfachter Form als Kissen nachgestickt (vgl. S. 26). Ein Achtstern nimmt die Mitte eines jeden Quadrates ein. Zweimal ist er mit einem Herzsproß gefüllt, zweimal mit der Darstellung des Brautpaares (S. 22), das von Sternen umgeben ist. Die Decke wird in ihrem ganzen Umfang mit Borte a umstickt.
Auf jeder Quadratseite stehen zwei Herzen mit Blütensprossen b. Die Ecke d befindet sich bei der Decke an der Innenseite der Quadrate, die Ecke c an der Außenseite. Beim Kissen wurde nur ein Eckmotiv verwendet. Es wurde mit Schürer Perlgarn Nr. 2663 blau und 2105 rostrot auf grobes Leinen gestickt.

b
a
a
c
d

Kärntner Hochzeitsdecke

Südl. Kärnten, 18. Jh.
Volkskundemuseum Wien (Abb. S. 28)

Die magischen Symbole der Fruchtbarkeit, die in den beiden älteren Kärtner Hochzeitsdecken dargestellt sind, verschwinden im Lauf der Gegenreformation. Nicht mehr der Achtstern, das uralte heilige Symbol steht nun im Mittelpunkt, sondern die Initialen I H S, Jesus, Heiland, Seligmacher, und damit das christliche Segenszeichen, das die Ehe heiligt. Erhalten haben sich dagegen die Lebenssprossen, das Zeichen der Fruchtbarkeit, die hier die ganze freie Fläche bedecken. Interessant ist die Zusammensetzung der Stoffbahnen. Das Mittelstück ist ungeteilt, links und rechts davon ist eine halbe Bahn angesetzt und die Naht mit einer rot-weißen Webborte (6 cm breit) überdeckt. In Anlehnung an frühere Gepflogenheiten ist die Mittelachse mit einer gestickten Borte markiert, die in diesem Fall keine Naht mehr zu verdecken hat. Dieser gestickte Mittelstreifen ist durch das IHS-Monogramm in Blütenrahmung unterbrochen. Es handelt sich immer um den gleichen Lebenssproß, der auf beiden Seiten der Borten in verschiedenen Richtungen angebracht ist und wie mit einem dichten Netz die Fläche bedeckt. Diese Anordnung ist ungewöhnlich, aber außerordentlich wirkungsvoll. Um den äußeren Rand zieht sich eine schmale, gestickte Borte, an den Ecken und in der Seitenmitte befinden sich rotweiße Wollquasten. Das Original ist aus weißem Leinen, bestickt mit roter Wolle (Muster S. 24 und 33).

Kärntner Hochzeitsdecke
Zollfeld bei Klagenfurt, Kärnten, um 1700,
Österreichisches Museum für Volkskunde, Wien, 154 × 140 cm
(Stickmuster S. 16, 17, 18, 19)

Kärntner Hochzeitsdecke
18. Jahrhundert,
Österreichisches Museum für Volkskunde, Wien (Stickmuster S. 21)

Kärntner Hochzeitsdecke
18. Jahrhundert, ein Quadrat aus dieser Decke (vgl. Bild S. 26)
wurde mit kleinen Änderungen zu einem Kissen verarbeitet. (Strickmuster S. 21, 22)

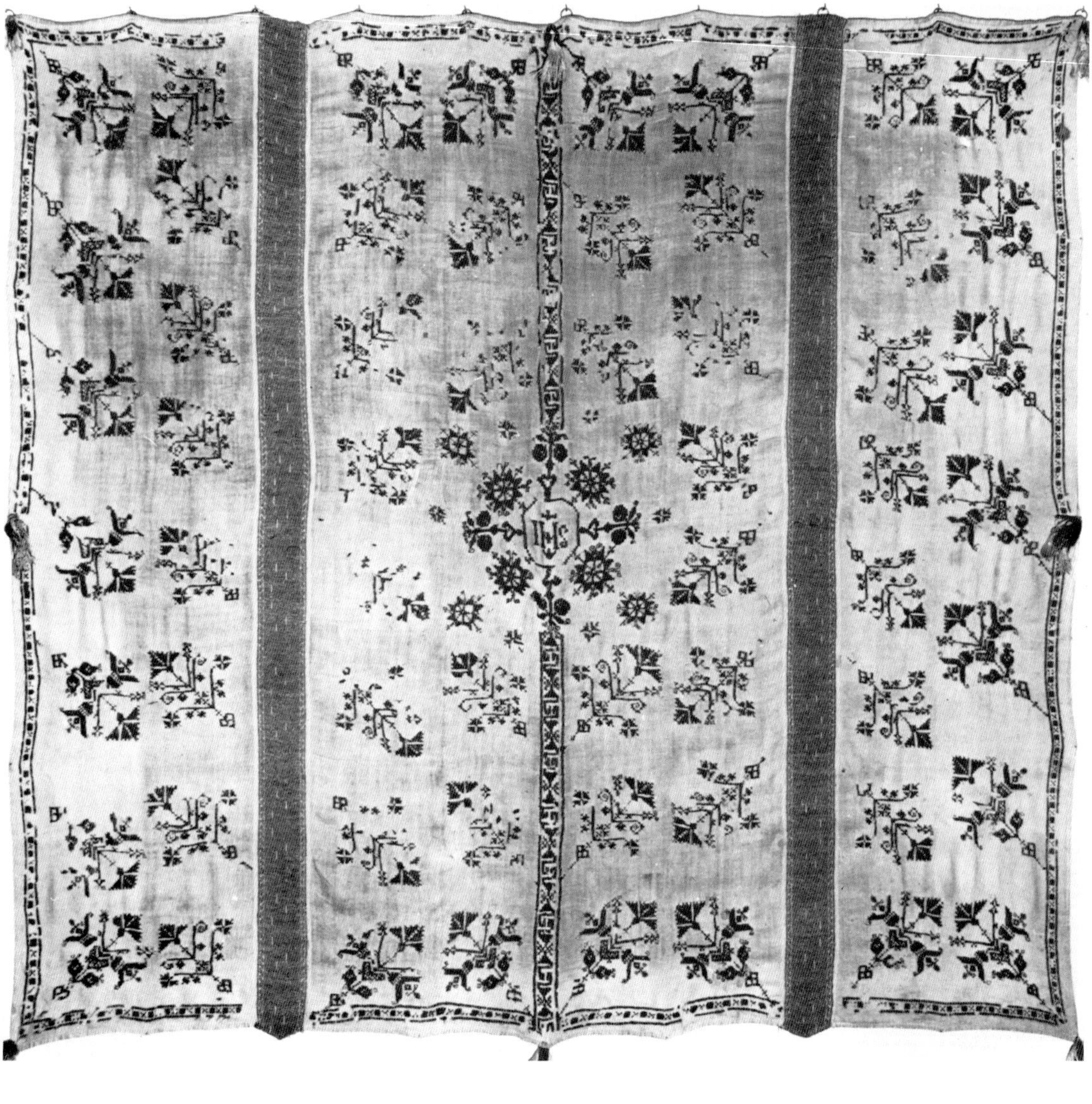

Hochzeitsdecke
Südliches Kärnten, 18. Jahrhundert,
Österreichisches Museum für Volkskunde, Wien (Stickmuster S. 24 und 33)

Osterdecke
Entwurf von Frau Anna Hangl mit Mustern aus dem Buch: Irmgard Gierl, Schöne alte Stickereien, S. 44, 85, 84 Mitte.
Beispiel für eine gute Anordnung von Einzelmotiven, die dem Anlaß entsprechend ausgewählt wurden

Kleine Geschenke
Stickereien auf Säckchen, Taschen, einer Spanschachtel, Briefbogen, Strümpfchen und einem Set. Motive aus alten Mustertüchern
(Stickmuster S. 101, 102)

Tischdecke
Schweizer Leinenstickerei, dat. 1610,
Historisches Museum des Kantons Frauenfeld, 158 × 176 cm

Taufkissen
Tiroler Leinenstickerei,
Volkskunstmuseum Innsbruck (Stickmuster S. 42)

IHS

Brautleintuch

Das Hauptfest im Lebensbrauchtum ist die Hochzeit. Dabei wurde einer reichen Ausstattung an Hausrat große Bedeutung für die zukünftige Ehe beigemessen. Einige Tage vor dem Fest wurde die Ausstattung der Braut in das Haus des Bräutigams gefahren. Die aufgestellten Kästen waren mit Leinen – dem »Tuch« – gefüllt, das hoch aufgerichtete Bett sollte Zeugnis für das Können und den Fleiß der Braut ablegen: Kissen und Leintücher waren reich bestickt mit Monogrammen und Segenszeichen oder mit breiten Borten.

Ein Brautleintuch, das vom Städtischen Museum Bozen erst kürzlich erworben wurde, zeigt eine prachtvolle Pfauenborte, deren Eckstück hier wiedergegeben ist. In einer Vierergruppe eignet es sich als Mittelstück oder einzeln als Eckmotiv für eine Tischdecke.

Schweizer Leinenstickerei

bez. 1610, 158 × 176 cm
Thurgauisches Museum Frauenfeld (Abb. S. 31)

Auf dem Original sind die Achtsterne mit Darstellungen aus der Tell-Sage gefüllt. Der großzügige Rahmen eignet sich aber auch für Motive zu den verschiedensten Anlässen.

Frau Margot Irwin, USA, hat diesen Achtstern für die Darstellung eines »midlife portrait« umgestaltet. In der Mitte befindet sich das Ehepaar, umgeben von den Symbolen der vier Lebenszeiten von der Jugend bis zum Alter (S. 37, 38, 39).

Das große Sternenmuster ist aber auch geeignet für eine Weihnachtsdecke. Motive dazu finden sich auf Seite 54.

Taufe

In der Schlafkammer prangt das Bett, prächtig anzusehen in seiner behäbigen Breite. Verblaßt ist die Jahreszahl, dunkel vom Rauch der Lichter, die in vielen Stunden hier niederbrannten im Wechsel der Geschlechter. Denn alt wie das Haus ist das Bett, Urväterhausrat, ein geheimnisvoller Trost geht von ihm aus, eine Geborgenheit für gesunde und kranke Stunden. Hier legt sich die Hausfrau nieder, wenn ihre schwere Stunde gekommen ist. Der Mann sitzt drunten in der Stube, ein paar Weiber aus der Nachbarschaft sind da, vielleicht die Hebamme. Es waren ja immer die Frauen, die allerlei heimliche Mittel wußten, uralte Lehren von den Kräften der Natur und der Elemente.
Schließlich ist es soweit, die Kindsnöte sind überstanden, und nun holt man die Wiege hervor, die kunstvoll mit Blumen bemalt ist, mit Tulpen und Rosen, ein rechtschaffenes Stück Arbeit. An ihrer Seitenwand sind Schlitze eingeschnitten, durch die man kreuzweise die Wiegenbänder führte, damit das Kindlein nicht herausstürzen kann. Auch diese Bänder waren nicht nur einfach auf dem Bandwebstuhl gewebt, sondern schön verziert und gestickt. Besonders bei der Taufe mußte das Kind natürlich aufs schönste aufgeputzt werden. Da gab es gestrickte, durchsichtige Taufjäckchen und Häubchen, oder solche aus roter oder blauer Seide, je nach dem Geschlecht, mit Goldborten am Rand. Auch das Chrisamhemdlein aus feinem Leinen war mit allerlei heiligen Zeichen bestickt, mit ineinander verschränkten Kreuzen, die auf geheimnisvolle Weise immer wieder die Dreizahl ergeben, mit den Zeichen Christi und Mariens (Abb. S. 42, 94), mit winzigen Börtchen und Schleifen. Dazu wird das Köpfchen auf ein Taufkissen mit roter Stickerei gebettet, wie es im Volkskunstmuseum zu Innsbruck zu sehen ist (Abb. S. 32). Und auch hier sind es wieder die vier Lebenssprossen, die aus den Ecken zur Mitte weisen, wo sich das Kreuz oder ein anderes Segenszeichen findet.

Ein Taufkleid, das rein kultische Verwendung findet, ist das Chrisamhemd als Symbol der Reinheit und eine Kopfbedeckung zum Schutz des heiligen Chrisamöles. Im Volksmund heißen diese Kleidchen »Pfoadl mit Kapuzei«, und damit ist ihr Aussehen ziemlich genau beschrieben. Sie bestehen aus einem rechteckigen Stück Stoff – Leinen, Seide, Tüll, Batist oder Brokat – dessen Breitseite eingereiht ist. Darauf wird eine Kapuze gesetzt, die aus zwei Viertelkreisen zusammengenäht ist. Die Ärmelchen sind gerade eingesetzt und oft so klein, daß das Kinderärmchen kaum durchgezogen werden kann. Auf den Ärmeln und der Kapuze befindet sich ein Kreuz, das entweder gestickt oder aus Seidenbändern, mitunter auch aus Goldspitzen gebildet ist. Eine breite Masche am Halsausschnitt dient mehr der Verzierung als dem Verschluß.

Wie überall im Brauchtum mischt sich auch hier Christliches mit Heidnischem: das Sakrament der Kirche mit Dämonenglauben und Geisterabwehr.

Da die Zeit zwischen Geburt und Taufe allgemein als besonders gefahrbringend angesehen wurde, mußten besondere Vorsichtsmaßnahmen ergriffen werden. Man verhüllte das Kind, um die Dämonen zu täuschen, man fatschte es oder bekleidete es mit einem Tragkleidchen, immer aber bedeckte man es mit der Taufdecke. Bei reichen Leuten bestand sie aus Seide oder Brokat, gewöhnlich aber wurde ein quadratisches Tuch von weißem Leinen mit neunzig Zentimetern Seitenlänge bunt bestickt.

Und wieder begegnen wir dem alten Schema: Eine schmale Randborte umgibt die Decke und aus den Ecken wachsen Blütenzweige oder stilisierte Sprossen, während in der Mitte das Heilszeichen IHS prangt, mit dessen Segenskraft das Kind gegen alles Böse gefeit war. Nicht immer ist die Stickerei im Kreuzstich ausgeführt, im Bregenzer Wald arbeitet man sie mit Kettenstich, aber der Aufbau ist überall der gleiche. Muster dieser Art sind in diesem Buch mehrfach gesammelt (S. 42, 45, 57, 93, 94, 97).

Taufkissen

Volkskunstmuseum, Innsbruck (Abb. S. 32)

Dem Sakrament der Taufe entpsrechend nimmt ein Kreuz im Blumenkranz die Mitte des Kissens ein. Aus den vier Ecken reichen Blütensprossen weit in die Fläche hinein. Niedrige Blumen in der Seitenmitte füllen die Zwischenräume. Das Original ist von einer bunten Webborte umrandet. Feines Siebleinen und hellrotes Stickgarn eignen sich wohl am besten zum Nacharbeiten.
Die schön gestickten Taufkissen und -decken sind die volkstümliche Nachahmung jener kostbaren „Decken, Umhänge und anderen Bettgewands mit goldenen und silbernen Schnüren", wie diese anno 1600 in Schaffhausen verboten wurden.
1528 steht im Berner Taufbüchlein: »Daher ist der alte Brauch und Gewohnheit bisher an der Kirche blieben, dass man nach der Tauff dem Kindlein ein weiß Hemdlein ober den Leib wirft.« Dieses »Chrisamhemd« wird auch heute bei der Taufe verwendet. Es ist ein Hemdchen im Kimonoschnitt mit aufgestickten christlichen Symbolen, wie sie auf den alten Mustertüchern so häufig zu finden sind.

Taufdecke

Die Häufigkeit, mit der Decken nebenstehender Art zu finden sind, läßt den Schluß zu, daß sie bei vielerlei Anlässen Verwendung fanden, sei es als Versehtuch, als Weihkorb- oder als Heiliggeistdeckerl. Eine besondere Rolle spielten sie als Taufdecke.

Der erste Ausgang, wenn das ungetaufte Kind über die Schwelle der Tür aus dem schützenden Bereich innerhalb der Dachtraufe getragen wurde, galt als ungemein gefährlich. Darum trug auch die Hebamme das ungetaufte Kind, der man als weiser Frau mehr Macht über die unheilbringenden Kräfte zutraute als der Patin, und darum geschah dies nie ohne Taufdecke. Stets prangte in der Mitte das christliche Heilszeichen I H S, umgeben von floralen Motiven. Das Futter für kostbare Seidendecken war meist rot, mitunter aber auch entsprechend dem Geschlecht des Kindes auswechselbar; bei Mädchen aus roter Seide, bei Knaben aus blauer (Luise Wache, Täuflingstrachten in Österreich).

Die schräggestellten Bäumchen links oben gehören zu einer Decke im Museum Bozen. Der spitzenbesetzte Rand wird von einer rotweiß gewebten Borte besetzt, in kleinem Abstand folgen darüber die schrägen Bäumchen, dann wieder die gleiche gewebte Borte und darüber das Bäumchenmuster. So entsteht ein reiches, breites Muster. Das Rot des Garns muß mit dem der Webborte übereinstimmen.

Aber während noch das Fatschenkind in seiner Wiege kräht, wandelt sich die Kammer unvermerkt. Schwere Krankheit ist hereingebrochen, ein Mensch legt sich zum Sterben hin, zum letzten Schlaf in das Bett, das ihm so viele Jahre Rast gewährt hat.

Dunkel ist's in der Sterbekammer, in »totgefährlicher Schwachheit« ringt der Kranke um Atem, sein erlöschendes Gesicht liegt leblos auf den Kissen. Nun, da er schon in den Zügen liegt, reicht man ihm eine geweihte brennende Kerze, die sogleich einen tröstlichen Schein verbreitet. Von ungefähr geschieht das nicht, das Licht hat seine besonde-

re Bedeutung. Soll man die Seele im Dunklen irren lassen? Wie leicht könnte es geschehen, daß sie den Weg nicht hinaus fände, und im Hause bliebe, ein Schrecken für die Hinterbliebenen und sich selbst zur Qual. Entzündet man nicht Kerzen über den Gräbern und Wachsstöcke bei den Totenämtern, ein Licht in der Finsternis oder auch ein Schutz der Lebenden vor den Geistern der Toten, die unheimlich ihr Wesen treiben könnten, wenn man ihrer vergißt?
Auf dem Tisch daneben wird ein Altar hergerichtet, ein Kruzifix steht zwischen zwei Leuchtern, und darunter wird das »Speistuch« ausgebreitet, damit der Priester die Gerätschaften für die Letzte Ölung dort niederstellen kann. Dieses Versehtuch, wie es im Alpenvorland heißt, ist mit christlichen Symbolen bestickt, mit Trauben und Weinlaub, mit Kreuz, Anker und Herz und dem Spruch »Gelobt sei Jesus Christus«. Meist wurden die Stickereien mit rotem Garn in Stielstich ausgeführt. Daß auch die Entwürfe von den Stickerinnen selbst stammen, beweist die oft fehlerhafte Orthographie der Texte wie im folgenden Spruch:

»Speiß dich oft mit Engelßbrod
Dieß bewart dich vor dem Tott
Wielst in Unschuld lang bestehen
Must zu Jesu Tiesch oft gehen.«

Alle Speistücher sind an einer Längsseite reich bestickt und an drei Seiten mit oft recht kostbaren, meist geklöppelten oder gehäkelten Spitzen eingefaßt (Margot Adler).
Tücher, die solch frommem Zweck dienen sollen, können mit einer Borte und den christlichen Heilszeichen verziert werden, wie sie auf den Seiten 33, 42, 45, 57, 93, 94 zu finden sind.

Herbst

Wenn die Ernte vorüber ist, rüstet man zu einem besonderen Fest, das eigens für die Haustiere eingerichtet ist: dem Tag des heiligen Leonhard. Schon eine Woche vorher müssen die Mädchen Kränze und Girlanden binden, um die Wagen zu schmücken, indes die Burschen Sattelzeug und Geschirr »auf den Glanz« putzen. Am Festtag selber aber dröhnen die Räder, schnauben die spiegelblanken Rosse, Funken stieben, und zwischen das fröhliche Juchzen und Peitschenknallen schallt die Blasmusik und das Kreischen der Menge. In scharfer Fahrt geht es um das kleine Leonhardskirchlein, unter dessen Tür der Pfarrer steht, segnend und Weihwasser spendend. Dabei dienen vielerlei Mittel der Abwehr übelwollender Geister. In den Messingspiegeln und Metallkämmen, die die Pferde beim Umritt tragen, soll die Hexe ihr eigenes Bild sehen und entfliehen. In den Bastflechten in Schweif und Mähne soll sich die Hexe verirren. Das Dachsfell am Kummet soll mit seinem langanhaltenden scharfen Geruch nicht nur Fliegen, sondern auch böse Geister vertreiben, und die bunten Bänder, mit denen Gäule, Wagen und Reiter geziert sind, dienen dem gleichen Zweck der Dämonenabwehr.

Aber nicht nur im Leonhardsritt sucht der Bauer seine Tiere vor Unheil zu bewahren. Im Stall werden geweihte Palmbüschel und der Kräuterboschen von Maria Himmelfahrt befestigt. An Dreikönig räuchert man den Stall ebenso wie das Wohnhaus. Am Johannistag reichte man den Tieren einst einen Kuchen, der mit Johanniswein gebacken wurde und der ein gutes Schutzmittel gegen Krankheiten sein sollte. Um die Krankheitsgeister auszuräuchern oder auszubrennen, trieb man die Tiere durchs Johannisfeuer, und bei Viehseuchen wurde ein Votivbild geopfert, auf dem der ganze Viehstand sorgfältig und möglichst wirklichkeitsgetreu abgebildet war.

Besonders gefährdet war das Vieh, wenn es den schützenden Bereich

des Hauses verließ und auf die Alm zog. Wenn der Sommer gut vorübergegangen und kein Stück Vieh verunglückt war, »buschte« die Almerin ihre Kühe auf, bevor sie mit ihnen zu Tal fuhr.
Um Lofer wird bis heute der Brauch geübt, bei glücklichem Almabtrieb die Kühe mit »Glockream« zu schmücken. Glockream sind knapp einen Meter lange, etwa fünfzehn bis zwanzig Zentimeter breite, bestickte Stoffbänder, die über die ledernen Glockenriemen gebunden werden. Der Spruch »Mit Glück von der Alpe zurück«, Blumenranken, das Monogramm der Stickerin sowie die Jahreszahl schmücken diese Bänder, die im ausgehenden 19. Jahrhundert mit bunten Wollfäden in Kreuzstich bestickt wurden und immer das gleiche Blumenmuster zeigten (S. 101, mittlere Borte).

Tischdecke mit Hirschen

Salzburg, Privatbesitz

Man beginnt die Stickerei mit der Mittelborte und zwar im Zentrum, damit sie dort ganz gleichmäßig wird. Zwischen der Borte und den Eckfüllungen wird ein kleiner Abstand belassen. Die Mitte der Decke ist von dem prächtigen Muster ganz ausgefüllt, der Rand bleibt demgegenüber sehr einfach, er besteht aus kleinen Sternen, die in Zwischenräumen von etwa zehn bis zwölf Zentimetern angeordnet sind, und einem einfachen Saum oder Hohlsaum.
Die Decke ist für Jagdfreunde oder für festliche Anlässe im Herbst besonders gut geeignet (S. 50, 51).

a

a
a

Weihnachten

Es sind wohl nicht nur die Erinnerungen an unsere Kindheit, die der Weihnachtszeit ihre besondere Bedeutung verleihen. Vielleicht liegt uns noch der alte Vorväterglaube im Blut, der diese dunklen Wochen mit dämonischen Gestalten bevölkerte. Da trabt der zottige Krampus über die Felder, der Klaubauf oder Knecht Rupprecht, kaum gebändigt vom Bischofsstab des heiligen Nikolaus. Im Berchtesgadener Land laufen immer noch die »Buttmandeln«, dick mit Stroh umwickelt und mit Kuhglocken behängt. Begleitet von »Gankerln« dringen sie in die Stuben und lassen sich erst nach wildem Kampf wieder verjagen. Noch unheimlicher aber sind die Perchten, die an den drei Donnerstagnächten im Advent durch die Tiroler Dörfer stürmen, mit Tierfellen bekleidet, schellenbehängt und vermummt, als wären sie gerade der Unterwelt entstiegen.

Aber auch Frau Holle zog um diese Zeit herum, die Anführerin des Wilden Heeres, hinter sich die Seelen der ungetauften Kinder. Wer eines von ihnen mit einem Namen anrief, konnte es erlösen. Die mitleidigen Bäuerinnen stellten für die Armen Seelen Krapfen auf den Tisch, Mehl, Eier und Salz, die drei weißen Seelopfer. Wer es aber wagte, davon zu essen, den erschlugen die Toten, die wie eine Schar wilder Männer ins Haus einfielen. In der Oberpfalz warf man drei Hände voll weißen Seelenmehls in den Wind mit den Worten: Wind und Windin, ich geb dir das dein, laß du mir das mein!

In alter Zeit galt der Luzientag (13. Dez.) als der kürzeste Tag des Jahres, an dem die Hexen besonders mächtig waren. Neben der heiligen Luzia, die in Schweden als weißgekleidete Gabenbringerin mit einer Lichterkrone dargestellt wird, erschien die Frau Luz, ein unheimlicher Dämon. Schlimmen Kindern schnitt sie den Bauch auf und füllte Stroh und Steine hinein, säumige Spinnerinnen mußten ihre Strafe fürchten.

Gleich ihr versetzten die Lange Agnes, die Eisenberta, Heugeigen und Habergoaß die Kinder des Bayerischen Waldes in Schrecken. All diese Totendämonen galt es zu versöhnen, aber auch die Fruchtbarkeit zu wecken, die Sonne hervorzulocken und einen Blick in die Geheimnisse des kommenden Jahres zu tun. Solchem Orakelzauber war auch die Andreas- und Thomasnacht günstig, vor allem aber diente dazu der Barbarazweig, der durch seine Blüte die Erfüllung der geheimsten Wünsche verheißt, und als Lebensrute Fruchtbarkeit verleihen sollte. In Altbayern vertraten die Barbarazweige lange den Christbaum.

Aber durch das Dunkel dieser Nächte gehen nicht nur Unholde, Hexen und unheimlicher Zauber. Denn über all dem finsteren Treiben leuchtet der Weihnachtsstern über die verschneiten Täler, und das Christkind selbst steigt in die Krippe hernieder, die ihm bereitet ist in Kirchen und Stuben. Der Christbaum wird entzündet – freilich erst seit relativ kurzer Zeit. Die Gemahlin Ludwigs I., Königin Karoline war es, die 1830 als erste einen Christbaum in der Münchner Residenz aufstellte. In die oberbayerischen Bauernhäuser hielt er knapp 100 Jahre später Einzug.

Die grundlegenden Veränderungen, die bei der Feier des Weihnachtsfestes in diesem Jahrhundert eingetreten sind, erklären das Fehlen älterer Sticktradition für dieses Fest. Dem strengen Fasten am Heiligen Abend entsprach die karge Heiliggeistdecke, die lediglich als Unterlage für das Kletzenbrot diente, welches im Brauchtum die bedeutendere Rolle einnahm.

Wenn wir zu Weihnachten eine festliche Decke sticken wollen, können wir uns an die überkommenen Vorbilder halten – Blütensproß und Christusmonogramm in der Mitte – die dann freilich nach heutigen Vorstellungen nicht typisch weihnachtlich sind. Von den Hochzeitsdecken in diesem Buch können äußere Formen übernommen werden: Der große Mittelstern in der ersten Decke (S. 18, 19) oder die vier Sterne in der zweiten Hochzeitsdecke (S. 22). Statt der Brautpaare werden weihnachtliche Motive eingesetzt: die Sternsinger, die Heili-

gen Drei Könige, fliegende Engel, ein Rosenstrauch in der Anlehnung an das Lied »Es ist ein Ros entsprungen«.
Die Osterdecke von Seite 29 kann auch für Weihnachten abgewandelt werden. Auf der umlaufenden Borte, die auf der Tischplatte schön zur Geltung kommt, sind zwei verschieden hohe weihnachtliche Motive im Wechsel anzuordnen. Die Borte kann aber auch in Kreuzform durch die Mitte des Tuches gestickt werden, ihre Außenkanten werden wie oben mit verschiedenen Motiven geschmückt. Die Drei Könige können als fortlaufende Borte verwendet werden.
Wer einen Läufer arbeiten will, könnte je eine schmale Bordüre im Abstand von etwa zehn Zentimetern längs durch die Mitte der Decke sticken. Der Zwischenraum bleibt frei, die Motive befinden sich an der Außenseite der Bordüren. Man kann aber auch den Zwischenraum mit zwei bis drei verschiedenen Sternen füllen (vgl. Vorsatzpapier von Gierl, Stick- und Webmuster der Frührenaissance und S. 101). In dem oben genannten Buch befinden sich auch sehr viele verschiedene Sternmotive, die in Decken mit eingewebten Quadraten eingearbeitet werden können.

Heiliggeistdecke

Der Heilige Abend war im Gegensatz zu heute ein Tag der Buße, des Fastens und der Vorbereitung. Die einfachen Geschenke, ein Paar Handschuhe, eine Pudelmütze, Äpfel und Nüsse, hatte schon der Nikolaus gebracht, am Heiligen Abend gab es weder einen Christbaum noch Kerzen. Als einzigen Schmuck steckte man einen Busch Tannengrün in den Herrgottswinkel. Erst nach der Christmette gab es die große Weihnachtsfreude in Form von Mettenwürsten, eine willkommene Labung nach dem Kirchgang durch die dunkle und eisige Winternacht.

Trotz dieser Kargheit gab es aber doch ein wenig Glanz in der Weihnachtsstube. Denn am Abend breitete die Mutter die quadratische Heiliggeistdecke auf den blanken Stubentisch und legte das Kletzenbrot darauf, manchmal mit zwei Leuchtern und brennenden Kerzen zur Seite. Die Mitte dieser kleinen Decke nahm das Christusmonogramm ein, in den vier Ecken befanden sich Blumensprossen und dazwischen, in der Mitte jeder Seite ein kleines Lebensbäumchen. So unauffällig die Stickerei sein mag, sie deutet auf den alten Dualismus von Kirche und altüberkommenem Fruchtbarkeitszauber, verkörpert im Christuszeichen einerseits und den Blumenzweigen andererseits (vgl. S. 57).

IHS

Fastenzeit

Alljährlich zu Beginn der Fastenzeit war es üblich, den Altarraum der Kirchen mit einem großen Tuch zu verhängen, das den Gläubigen anzeigen sollte, daß es mit den Ausschweifungen des Faschings endgültig vorbei sei. Im Mittelalter hieß es deswegen Hunger- oder Fastentuch. Seit der cluniazensischen Reform, kurz vor der Jahrtausendwende, ist dieser Brauch aufgekommen, der zuerst in den Kathedral- und Klosterkirchen geübt wurde, später aber auch in den Pfarrkirchen, besonders in Frankreich und England. Aus zahlreichen Kircheninventaren, Rechnungen und Predigten geht hervor, daß er auch im Heiligen Römischen Reich weit verbreitet war. Erst in der Reformationszeit geriet die fromme Übung in Vergessenheit, besonders in den protestantischen Gegenden. In den katholischen Kirchen behielt man das Fastentuch bei, es wurde aber verkleinert und höher gehängt, damit der Blick das Geschehen am Altar ungehindert verfolgen könne. Nur in den ländlichen Gegenden Spaniens, Siziliens, Kärntens, Tirols und im westfälischen Münster- und Sauerland hat sich der Brauch in seiner alten Form auch weiterhin erhalten, manchmal sogar bis in unsere Tage.

Vielleicht sollte das weiße Leinen, das meistens dazu verwendet wurde, ein Hinweis auf das Grabtuch Christi sein, vermutlich aber entsprach die Farbe der alten Farbensymbolik, nach der Weiß die Farbe der Trauer war. Neben leinenen Tüchern gab es auch solche aus Wolle (ehem. Benediktinerinnenkloster in Kochel), aus Seide oder Leder (Paderborn 17. Jh.) Seit dem 12. Jahrhundert wurden bemalte Hungertücher üblich. Bei Restaurierungsarbeiten konnte man die alte Technik rekonstruieren: Auf die vorgeleimte, mit hauchdünner weißer Grundierung versehene Leinwand wurden mit Wasser-, Leim- oder Ölfarbe Szenen aus der Passion Christi und die entsprechenden Vorbilder aus dem Alten Testament gemalt. Das berühmteste ist das große

Hungertuch in Gurk (1458) mit seinen hundert Bildfeldern. Man hält es für möglich, daß andersfarbige Stoffapplikationen die Vorgänger dieser Bemalung waren.

Gestickte Hungertücher sind seit dem 13. Jahrhundert in Niederdeutschland, Hessen und Westfalen nachzuweisen. Farbige oder weiße Stickerei auf Leinen, das in Westfalen wahrscheinlich mit Moordarg bräunlich gefärbt wurde, und weiße Filetstopferei waren die gebräuchlichsten Techniken. Um die Bilder hervortreten zu lassen, ordnete man sie schachbrettartig an, rein weiße Stoffelder wechselten mit bestickten, und in diesem Rhythmus kamen die Stickereien besonders gut zur Wirkung.

Wie es dem Sinn dieser Tücher entsprach, bezogen sich die Bilder auf das Leiden Christi, aber man verwendete auch reiche Renaissanceornamente, die aus den Musterbüchern Sibmachers oder Vavassores entnommen waren, oder sich an diese anlehnten. Zuweilen verraten Inschriften und Wappen die Stifter und das Entstehungsjahr.

Am Aschermittwoch oder am ersten Fastensonntag wurden die Fastentücher an einer Stange oder an einem Seil aufgehängt und am Abend vor dem Gründonnerstag bei den Worten der Lesung: »Der Vorhang des Tempels zerriß in zwei Stücke« wieder abgenommen.

In Westfalen wird dieser Brauch noch heute geübt, in manchen Kirchen sind die herrlichen alten Tücher noch vorhanden, sorgfältig restauriert zum Teil, aber mitunter leider auch brüchig und löcherig, und wo die wertvollen Stücke in Museen geborgen wurden, haben die Frauen des Ortes ein neues Fastentuch gestaltet, damit der Brauch nicht in Vergessenheit gerate.

Das größte und bedeutungsvollste Hungertuch befindet sich im Heimathaus in Telgte bei Münster. Es stammt aus der dortigen Pfarrkirche St. Clemens und ist laut Inschrift im Jahre 1623, also mitten im Dreißigjährigen Krieg entstanden. Wie so viele andere zeigt es eine schachbrettartige Zusammensetzung: feines weißes Leinen wechselt mit weißer Filetstopferei. Dargestellt sind 22 Szenen vom Leiden

Christi, die vier Evangelistensymbole, das Lamm Gottes und fünf Bilder aus dem Alten Testament.
Eingestickte Wappen geben Kunde von der Stifterfamilie Henrich Vos und deren Frauen, die wohl die Stickerinnen gewesen sind.
Man darf sich freilich nicht vorstellen, daß sie auch die Bilder selbst entworfen haben. Dagegen spricht die Einheitlichkeit und Geschlossenheit des Stils, der starke Einflüsse der Gotik aufweist, andrerseits volkstümlich-naiv erscheint. In Reliktlandschaften wie Westfalen hat die Gotik noch lange fortgelebt, während anderswo schon die Renaissance ihre Triumphe feierte. Besonders die Kreuzigungsgruppe erinnert an ganz ähnlich gestaltete Tücher des Mittelalters (Altenberg um 1250), aber auch an Fresken (Breisach) und vor allem an gotische Holzschnitte. Holzschnitthaft sind denn auch die Figuren, die durch ihre Umrisse wirken und fast keine Binnenzeichnung aufweisen, oft rein statuarisch, andererseits aber zu ausdrucksvollen Bewegungen fähig. Und das alles wird erreicht mit einer Umrißzeichnung, die sich an das quadratische Filetnetz mit seinen 24 964 Löchern in jedem Bildfeld halten muß, das somit zu einer archaischen Darstellung geradezu zwingt.
Aber auch das Gegenteil ist möglich. Bei der Geißelungsszene drücken nicht nur die geschwungenen Ruten, sondern die ganze Haltung der Kriegsknechte blinde Wut aus, während der Schmerzensmann, leicht gebeugt, aber hoheitsvoll, ganz eng an eine Säule gelehnt, durch die leichte Überhöhung seines Heiligenscheines seine innere Überlegenheit ausdrückt. Der Hahn Petri, das Sinnbild des Verrats, setzt einen starken Akzent, umzuckt von Ruten und Geißeln, ohne Inschrift, nur mit den Buchstaben E I F P (Ego in flagellis paratus). Und mit welchen Mitteln wird diese Ausdruckskraft erzeugt! Nur mit einer Abfolge von winzigen Quadraten im Zweier- und Dreierrhythmus, so wie sie der eng geknüpfte Filetgrund vorgibt, Augen und Mund mit wenigen Leerfeldern gekennzeichnet, sparsam in den Mitteln, rahmenfüllend und in vollendeter Übereinstimmung zwischen Bild und Schrifttext,

der wohl von Pfarrer Bitterus Wilge ausgewählt wurde – sein bürgerliches Wappen befindet sich auf dem 3. Bildfeld der 6. Reihe. Und so wäre von jedem der Bilder etwas zu rühmen: Die Ausgewogenheit von Bewegung und Gegenbewegung, die zierliche Anmut von Adam und Eva, die eindrucksvolle Wiederholung der drei Frauen am Grab.

Der Vorzeichner hat sich dabei an ein Schema gehalten, das immer wiederkehrt: In der Kreuzigungsszene, die verschiedentlich abgewandelt ist, in der gegengleichen Darstellung der Henker oder des guten und bösen Schächers. Gegenüber diesen Meisterwerken textiler Gestaltung wirkt die Darstellung der Evangelistensymbole eher bescheiden mit ihren stark stilisierten Granatapfelzweigen und Mittelrhomben. Mit der Renaissancekunst ihrer Zeit haben sie nichts zu tun.

Neun Jahre zuvor, 1614, hatten dieselben Damen Vos ein Hungertuch mit den gleichen Vorwürfen angefertigt, dabei aber die hochrechteckige Form gewählt. Aber um wieviel harmonischer und ausgewogener sind die Telgter Darstellungen, die nun ihrerseits wieder als Vorbilder für andere Tücher Verwendung fanden.

Um 1600 war keine Kirche in Westfalen ohne Hungertuch. Das geht aus verschiedenen Quellen hervor. So wurde bei der Übergabe der Kirche an einen neuen Küster ein Verzeichnis des gesamten Kircheninventars erstellt, in dem die Fastentücher besonders erwähnt waren. Wenn etwa eine fromme Familie das Leinen dazu stiftete, verewigte man sie in der Spenderliste. Die Ausgaben für »Waschen und Stiffen« wurden vermerkt, für das Auf- und Abhängen in der Fastenzeit, für die Anschaffung einer Leine oder eines Stockes, an dem das Tuch aufgehängt wurde. Das Telgter Hungertuch brachte man zu den Klosterfrauen nach Münster, wo es von den Nonnen gewaschen und ausgebessert wurde.

Die erste Erwähnung eines Hungertuches in den Kirchenrechnungen gibt freilich keinen zuverlässigen Hinweis auf dessen Entstehungszeit, da die Tücher meist gestiftet wurden und nicht gekauft zu werden brauchten.

Adam und Eva
Bildfeld aus dem Telgter Hungertuch 1623,
Filetarbeit.
Es war üblich, auf den Hungertüchern nicht
nur die Passionsszenen, sondern auch die Vorbilder
aus dem Alten Testament darzustellen.

Oft sind sie dabei von einer Gruppe von Frauen in Gemeinschaftsarbeit angefertigt worden. Woher die Muster kamen, weiß man nicht. Es gab damals Musterzeichner für Teppichweberei und Stickerei – selbst große Künstler wie Holbein und Dürer haben sich mit solchen Aufgaben befaßt.

Da saßen also die Frauen von Telgte und knüpften die Filetnetze zu den 33 Feldern ihres Hungertuches. Vielleicht hatte eine von ihnen das Garn gestiftet, eine andere das feine Leinen als Opfergaben für das Haus des Herrn. Was wird sie damals bewegt haben? Sicherlich die Kriegsläufe, das Schicksal ihrer Stadt und ihrer Söhne, denn man war damals mitten im Dreißigjährigen Krieg. Aber es wird wohl nicht nur die große und kleine Politik gewesen sein, die diese Frauen beschäftigte, nicht nur häusliche Freuden und Kümmernisse, manchmal haben sie sich wohl in das heilige Geschehen versenkt, das sie mit ihren Leinenfäden wiederzugeben versuchten – die Geißelung und Dornenkrönung – und beim Anblick dieser Martern mag ihnen manch frommer Gedanke aufgestiegen sein, ein stiller Trost in ihren Nöten.

Das Telgter Fastentuch von 1623

Es ist 7,20 Meter breit und 4,20 Meter hoch und zeigt 33 Bildfelder in sechs Reihen mit abwechselnd fünf oder sechs Bildquadraten. Auf 22 Feldern ist die Passion Christi dargestellt, erläutert durch lateinische Beischriften. Darunter folgt eine Reihe mit den Evangelistensymbolen und dem Lamm Gottes. Die unterste Reihe zeigt fünf Szenen aus dem Alten Testament und die Wappen der Frauen, die das Tuch gearbeitet haben sowie die Hausmarke des Telgter Pfarrers. Das sechste Feld enthält die lateinische Dedikationsschrift und die Jahreszahl 1623.

Das Tuch gilt als bedeutendstes Werk textiler Volkskunst in Nordwestdeutschland. 1930 fertigten die Telgter Frauen ein neues Fastentuch mit 18 Bildfeldern an, das jetzt in liturgischem Gebrauch ist.

Ausschnitt aus dem Telgter Hungertuch 1623
Filetarbeit,
Heimathaus Münsterland, Telgte

Geißelung
Filetarbeit, Bildfeld aus dem Telgter Hungertuch 1623,
Heimathaus Münsterland, Telgte
(Muster S. 70, 71)

Kreuzigung
Kreuzsticharbeit, Bildfeld aus dem Telgter Hungertuch 1623,
Heimathaus Münsterland, Telgte
(Muster S. 76, 77)

Marienklage
Filetarbeit, Bildfeld aus dem Telgter Hungertuch 1623,
Heimathaus Münsterland, Telgte
(Muster S. 78, 79)

Fastentuch

Die Fastentücher Westfalens sind in Filetarbeit ausgeführt. Das quadratische Filetnetz besteht aus kleinen Löchern, in die das Muster mit weißem Leinenfaden eingestickt wird. Diese Motive können natürlich auch heute in Filettechnik ausgeführt werden, sie eignen sich aber auch zum Sticken.

Der Körper wird vollständig mit Kreuzstich ausgefüllt, bis auf die wenigen Linien, die die Fläche gliedern und den darunterliegenden Stoff sehen lassen. Die Auswahl dieses Stoffes ist einer der wichtigsten Punkte bei der Planung, denn davon hängt die Größe der Stickerei ab. Stellen Sie zuerst anhand des Musters die Anzahl der Kreuzchen der Höhe nach fest. Dann messen Sie nach, wieviel Zentimeter zwanzig Fäden (= zehn Kreuzchen) ausmachen. Multiplizieren Sie nun die Zahl der Zentimeter mit der Anzahl der Kreuzchen, die Sie vorher ausgezählt haben, und teilen Sie diese durch zehn. Sie wissen jetzt, wie hoch die Stickerei wird. Wenn sie kleiner werden soll, muß der Stoff enger gewebt sein, zwanzig Fäden müssen also weniger Zentimeter ergeben. Um sich dem Stil des Vorbildes anzupassen, muß die Stickerei jedenfalls einfarbig ausgeführt werden.

Gefangennahme Christi
Bildfeld aus dem Telgter Hungertuch 1623
Ego sum – Ich bin es. (Joh. 18,44). Im Vordergrund, flach auf der Erde liegend, Judas mit dem Geldbeutel.

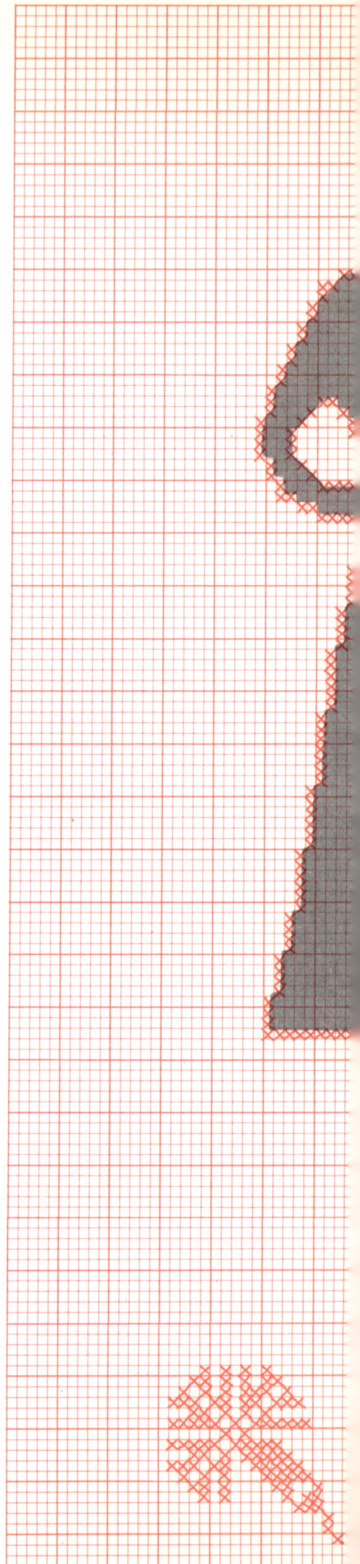

EGO SVM

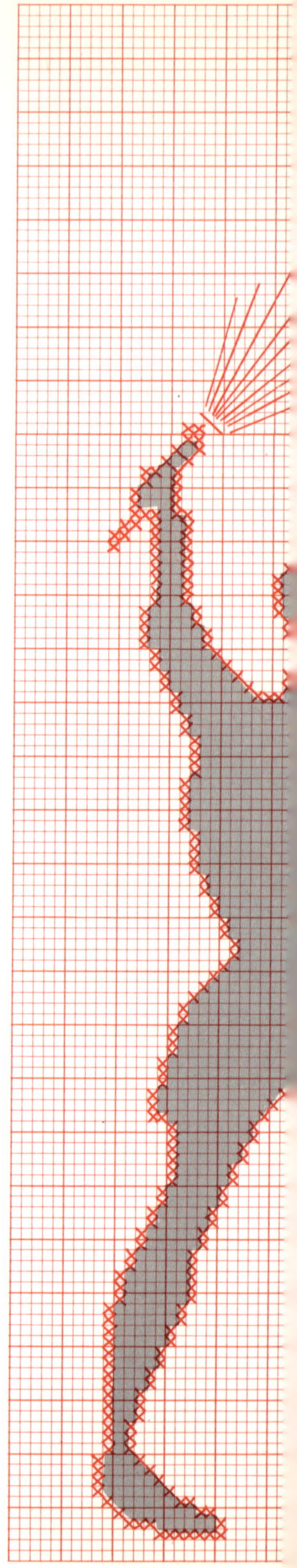

Geißelung
Bildfeld aus dem Telgter Hungertuch 1623 mit Inschrift: E.I.F.P., das heißt: Ego in flagellis paratus (sum) – Ich bin zur Geißelung zugerichtet (Psalm 37/38).

E·I· F·P·

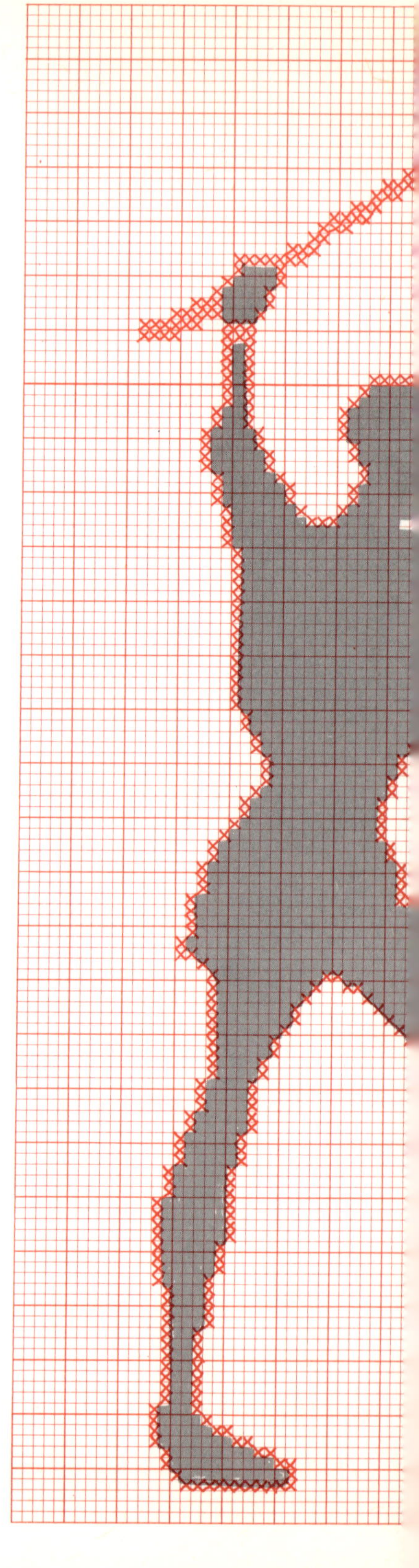

Dornenkrönung
Bildfeld aus dem Telgter Hungertuch 1623 mit Inschrift:
Ave rex Judeorum – Sei gegrüßt, König der Juden
(Mt. 27,29).

AVE · REX
IVDEORVM

Annagelung
Bildfeld aus dem Telgter Hungertuch 1623
Foderunt manus meas et pedes meos – Sie haben meine Hände und Füße durchbohrt (Psalm 21,17).

FODERVNT·
MANVS·ME
AS·ET·
PEDES·
MEOS·

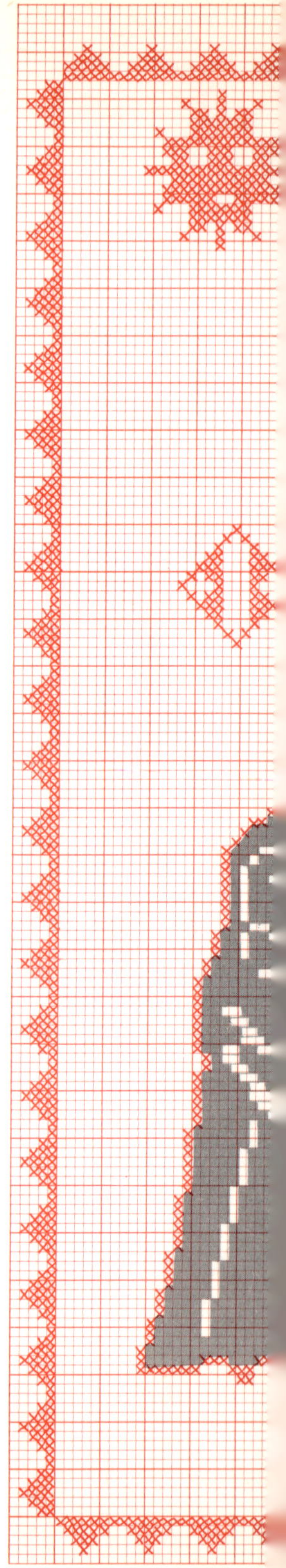

Kreuzigung
Bildfeld aus dem Telgter Hungertuch 1623 mit Inschrift: O C.A.S.U., das heißt: O Crux Ave Spes Unica. O Kreuz, unsere einzige Hoffnung sei gegrüßt (aus dem Vesperhymnus der Passionszeit).

INRI
A·S·V

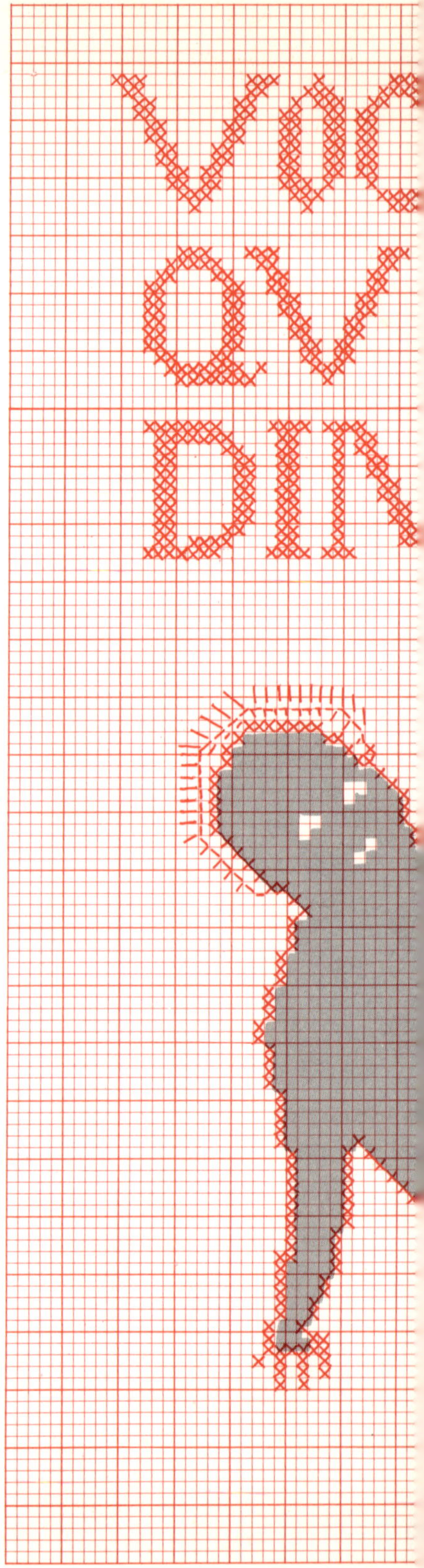

Kreuzabnahme
Marienklage mit der Figur des hl. Johannes
Vocate me Mara, quia amaritudine replevit me (deus omnipotens) – Nennt mich nicht Noemi, d. h. die Schöne, sondern nennt mich Mara, d. h. die Bittere, weil mich der allmächtige Gott ganz mit Bitternis erfüllt hat (Aus dem Buch Ruth 1,20).

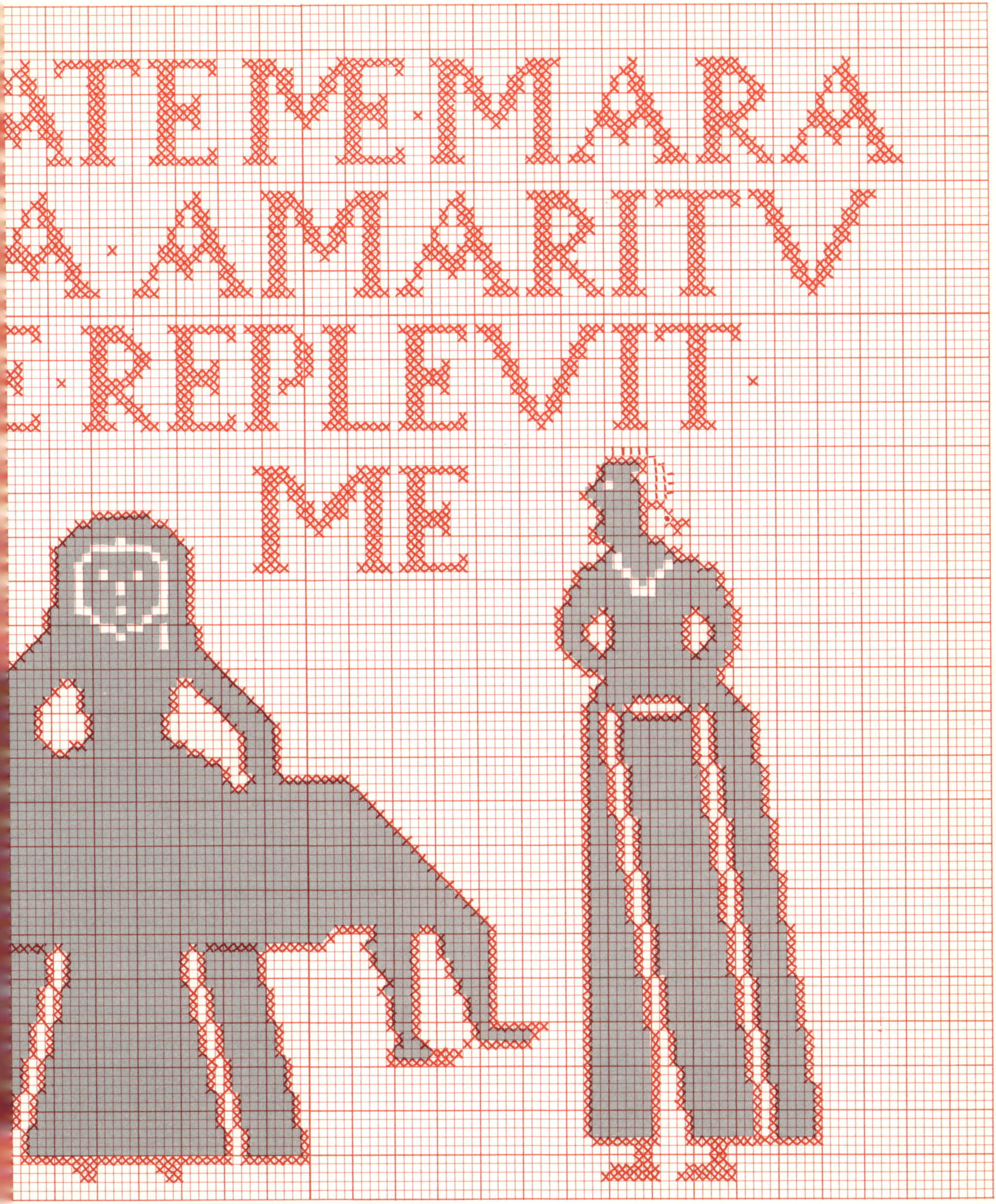
ATEME·MARA
A·A·AMARITV
E·REPLEVIT·
ME

Ostern

Nicht nur die Osternacht ist voll von geheimnisvollem Zauber, auch die Woche vorher, angefangen mit dem Palmsonntag, ist erfüllt mit allerlei Bräuchen, und im Grunde beginnt das Osterwunder bereits beim ersten Schwellen der Knospen, beim Aufkeimen des jungen Grüns. Und in der Tat, die meisten unserer volkstümlichen Osterbräuche gehen auf sehr alte Frühlingsfeste zurück, vereinigt mit den Vorstellungen des christlichen Osterfestes. Ostern ist nicht nur Erlösung von Sünde und Tod, sondern auch eine Befreiung aus der winterlichen Froststarre. Darum sind all die geheimnisvollen Riten dieser Zeit zwiefacher Natur, gleichermaßen verwoben mit der Enge der Kirchenmauern und der Weite der aufblühenden Landschaft.

Es beginnt am Palmsonntag, wenn die Buben die Palmbuschen zur Kirche tragen, aufgebunden an hohen Stangen, manchmal verziert mit Äpfeln und Brezen oder mit gefärbten Hobelspänen. Wer weiß aber noch, daß man den »Palm« am Freitag vor dem Palmsonntag vor Sonnenaufgang schneiden muß, daß man ein Säcklein Salz im Palmbaum verbirgt, der eigentlich den Lebensbaum darstellt, um es nachher dem kranken Vieh einzugeben? Noch zu Beginn dieses Jahrhunderts wurde der Palmbesen in den Keller gestellt, damit die »wilden Feuer« nicht angezogen würden, legte die Bäuerin Palmkätzchen unters Kopfkissen, als probates Mittel gegen Zahnweh und warf sie während des Gewitters ins Herdfeuer, zum Schutz gegen Blitzschlag.

Reste vorchristlichen Gedankenguts haben sich durch die Jahrhunderte gerade in der bäuerlichen Bevölkerung hartnäckig gehalten. Das erklärt die Zähigkeit, mit der diese an ältestem Brauchtum festhielt, an Bräuchen, die kaum mehr als äußerlich mit den christlichen Festen verknüpft sind, an die sie die Kirche anschloß. Wenn am Gründonnerstag selbst noch in der Großstadt die »Kräutelsuppe« mit sieben oder neunerlei Kräutern zubereitet wird, so ist dies wohl das Relikt einer Opferspende, die in vorchristlicher Zeit einem bestimmten magischen Zweck diente.

Wo man sich aber am Gründonnerstag auf den Spinat als »grüne Speise« beschränkt, fügt man ihm eine andere magische Zutat bei, das Ei. Sicherlich hat man das Ei als Träger des Lebens, als Frühlingsopfer und Stärkungsmittel von alters her betrachtet. Nach dem Volksglauben war das am Gründonnerstag gelegte »Antlaßei« von besonderem Abwehrzauber erfüllt. Man glaubte, daß es Kraft verleihe und steckte es deswegen besonders den Männern zu. In die Luft geworfen, sollte es Unwetter abhalten, und deshalb waren es vor allem diese Eier, die am Ostersonntag zur Speisenweihe getragen wurden.

Ursprünglich fand ja auch das Eiersuchen bereits am Gründonnerstag statt, da die Zauberkraft dieser Eier besonders groß war. Auch in Schwaben kam der Osterhase am Gründonnerstag, wie aus einem Brief Rückerts aus dem Jahre 1817 hervorgeht, doch hat wohl das 19. Jahrhundert allmählich die Tätigkeit des Osterhasen auf die Osterfeiertage verschoben – vielleicht auch, um das abergläubische Brauchtum um die Antlaßeier einzudämmen und dieses zu verchristlichen. Diese Entwicklung hatte freilich schon viel früher eingesetzt, war doch durch die Benedictio ovorum im 9.–10 und im 12. Jahrhundert der christliche Sinn des Ostereis in den Vordergrund getreten. Im oberösterreichischen Volksglauben hat das innigen Ausdruck gefunden. Die Schale bedeutet dort das Grab Christi, das Eiweiß das Linnen, in das der Leib des Herrn gehüllt war, der Dotter den Leib des Herrn selbst.

Der eierlegende Osterhase ist in vielen Gegenden schon vor dem 18. Jahrhundert wohlbekannt. Die früheste schriftliche Mitteilung über ihn stammt aus einer Schrift von 1682, in der erzählt wird, daß man in Oberdeutschland wie in der Pfalz, im Elsaß und den angrenzenden Gebieten die Haseneier kenne »auf Grund der Fabel, mit der man einfältigen Menschen und Kindern weismacht, der Osterhase legt solche Eier und versteckt sie in Gärten«.

Wir wissen schon aus Quellen des 14. Jahrhunderts, daß das Eierfärben üblich war, wobei der roten Bemalung sicherlich magische Kräfte zugeschrieben wurden. Man deutet die roten Eier aber auch als Andenken an die Schweißtropfen Christi, die sich in Eier verwandelt hätten, oder erzählt die Geschichte von Nikodemus, der den Leib Christi nur durch eine List erhielt, indem er den Kindern des Pilatus gefärbte Eier schenkte, wofür diese den Leichnam Christi von ihrem Vater erbaten.

Wenn sich die Burschen in der Osternacht am Kammerfenster ihre Eier holten, dann legte jedes Mädchen besonderen Wert darauf, sie ja schön zu färben und mit Schmalz einzureiben, damit sie gebührend glänzten. Am hübschesten aber wurden sie, wenn die Großmutter gepreßte Blättchen und zarte Gräser aus ihrem Gebetbuch hervorsuchte und sie mit einem Faden um das Ei wickelte. Nach dem Färben haben sie sich mit ihren feinen Zäckchen und Adern auf der Eischale abgedrückt, schöner und feiner als jede Feder es zu zeichnen vermöchte. Dunkler Sinn steht dahinter: Der Zauber der Fruchtbarkeit, der sich im Ei verbirgt, wird erhöht durch das umgebundene Kraut. Sie alle, Ostereier und Osterhase, Henne und Osterlamm, Siebenkräutelsuppe und Osterfeuer sind die Zeichen des neu erwachten Lebens, der unerschöpflichen Fruchtbarkeit, die Boten der Auferstehung nicht nur des Herrn, sondern auch der Natur nach der Unfruchtbarkeit des Winters.

Vor der Osterfreude kommt die Düsternis des Karfreitags, der Schauer der heiligen Riten, die mittägliche Fastensuppe mit Brotknödeln, die Ratschenbuben, die mit ihren hölzernen Instrumenten die Glocken ersetzen müssen, aber auch die Unholde vertreiben. Heute lebt die Erinnerung daran noch im Sprachschatz fort in den Wendungen »eine rechte Metten machen« und »Karfreitagsratschen«. Während noch alles in Andacht gebannt ist, während alle Fröhlichkeit gedämpft wird, und sei es mit der drohenden Vaterhand, bereitet sich Wunderbares vor. Schon wird der Holzstoß errichtet, an dem das Osterfeuer ent-

Ostereier
Mit besticktem Siebleinen überzogene Kunststoffeier. Idee und Ausführung: Renate Renauer (Muster S. 90)

Jagddecke
Aus Privatbesitz in Salzburg
(Muster S. 50, 51)

Festliche Decke für den Bauerntisch
Aus dem Besitz von Frau Nora Wattek, Salzburg
(Muster S. 37, 107, 108)

Maikrug
Motiv aus dem Musterbuch der Rosina Fürst, 1689
(Muster S. 105)

zündet und »der Judas verbrannt« wird. Schon steigen die Festgewänder aus den Kästen und Truhen, schon werden die lockeren Osterfladen gebacken und die Speckseiten aus dem Kamin geholt, die am Sonntag zur Weihe getragen werden. In einem großen geflochtenen Weidenkorb findet alles Platz, Fleisch und Salz, Eier und Meerrettich, Brot und Fladen und die buntgefärbten Eier, die mit einem Loch versehen wurden, damit »die Weich einikann«.
Darüber aber breitete man die Weihkorbdecke, ein weißes Leinentuch, das mit roter Stickerei versehen ist, deren Muster mancherorts streng gehütet wurden. Wie immer auf Decken und Tüchern, die religiösem Brauchtum einerseits, andererseits aber auch Fruchtbarkeitsriten heidnischen Ursprungs dienen, verbinden sich in den Stickereien christliche und heidnische Symbole. So sind an den vier Ecken Blütensprossen eingestickt, während ein Osterlamm mit Fahne oder ein religiöses Symbol die Mitte einnimmt. Bis heute hat sich dieser Brauch erhalten, und es ist der Stolz jedes Mädchens, die schönste Decke vorzuweisen.

Ostereier

Der Prediger Andreas Strobl hat im Jahre 1700 in Salzburg in seinen Ostergeschichtlein die »Neugefärbten Oster-Ayr« beschrieben: »Man verguldts, man versilberts, man belegts mit schönen Flechten und macht allerhand Figuren drauff, man marmelirts, man mahlts auch und ziehrts mit schönen erhebten Farben, man kratzts aus, man machet etwan ein Oster-Lämblein, ein Pelican, so seine Junge mit aignem Blut speiset oder die Urständ Christi oder was andere darauff, man siets, man färbts grün, roth, gelb, goldfarb etc. Man machts auch schön gesprängt, und verehrt es hernach ein guter Freund dem andern. Ja man tragts heut in großer Menge in die Kirch zu der Weych.«
Nur an eine Art der Verzierung hat der Prediger nicht gedacht – sie ist ja auch relativ neu – das Ei mit Stickerei zu überziehen.

Überzogene Ostereier

Das Motiv wird mit feinem Garn auf Siebleinen gestickt. Nun werden zwei ovale Fleckchen ausgeschnitten, deren Größe sich nach dem Ei richtet. Man rechnet durchschnittlich mit einer Größe von zehn auf zehn Zentimetern. Das Muster muß über Eck stehen, damit sich der Stoff besser an die Rundung des Eies anschmiegt. Mit einem Textilkleber werden die beiden ovalen Fleckchen aufgeklebt. An den Schnittstellen werden die überflüssigen Ecken weggeschnitten, so daß sich die beiden Fleckchen nicht überlappen. Über die Schnittkanten klebt man eine Spitze, ein gesticktes Streifchen Stoff, eine gehäkelte oder gekaufte Borte. Zum Überziehen eignen sich nur Kompakteier aus dem Bastelgeschäft aus Styropor, Plastik oder Holz. Dazu muß der entsprechende Kleber verwendet werden. Um die Eier faltenfrei überziehen zu können, muß man den Stoff kräftig andrücken. Das ist bei ausgeblasenen Eiern nicht möglich.
Die kleinen Motive eignen sich auch zum Ausschmücken von Briefpapier. Je dünner der Stoff und je feiner das Garn, desto besser die Wirkung. Es ist ratsam, den Faden so lang zu wählen, daß man das ganze Motiv damit sticken kann und nicht oft vernähen muß. Die Stickerei wird gleichmäßig ausgeschnitten, nur ein schmaler Rand bleibt stehen.

Weihdecke

dat. 1723
Städtisches Museum Bozen

Die Mitte der quadratischen Decke nimmt ein Kranz mit dem Christusmonogramm ein. Der Rand ist unregelmäßig mit verschiedenen Motiven bestickt. Die Seitenmitte nimmt ein großes, gleichschenkeliges Kreuz ein, links davon der Reichsadler, rechts das Osterlamm, getrennt mit je zwei kleinen Sternen. Weitere Monogramme Jesu und Mariens befinden sich auf der Längsseite. Die Randborte wird von den Namen verschiedener Heiliger gebildet, die in Großbuchstaben um das ganze Tuch gestickt sind, der Heiligen Dominicus, Pius, Thomas, Catharina und Rosa. Den Abschluß bildet eine feine Klöppelspitze. In den vier Ecken finden wir wiederum das alte Lebenssymbol, den blühenden Zweig mit zwei Hirschen (S. 93 und 94).

17 23

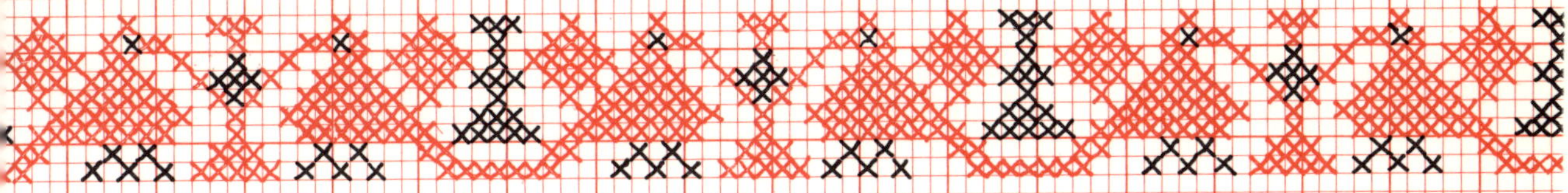

Decke

Städtisches Museum Bozen

Eine der schönsten quadratischen Weihdecken zeigt im Zentrum nicht das sonst übliche Christusmonogramm, sondern einen Maikrug mit Nelken. Aus den vier Ecken sprießen wunderschöne Blütenzweige mit dem Türkenbund. Um den Stengel windet sich ein S-förmiges Motiv, das auch in anderen Südtiroler Stickereien vorkommt und für diese Gegend typisch ist. Wir haben hier eine der harmonischsten Arbeiten dieser Art vor uns.
Die drei Borten stammen aus einem alten Musterbuch.

Kleine Geschenke

Nicht alle Leute können ebensogut nähen wie sticken. Ihnen ist es ein Greuel, die Stickerei zu versäubern, zu füttern, zusammenzunähen. Für diese Schwierigkeiten gibt es eine einfache Abhilfe. Es gibt eine Firma (Fritz Kromberg, 5600 Wuppertal 2 (Barmen), Postfach 200 813), die Leinenbänder herstellt. Die Breiten sind: 2,5, 4, 6, 8, 10, 16 und 24 Zentimeter. Das Gewebe ist bestes Leinen, zum Sticken außerordentlich gut geeignet. Es gibt auch Bänder (2,5, 4 und 6 Zentimeter breit) mit schmalen roten, blauen oder braunen Randstreifenmuster (in München bei A. Weinberger, Herzogspitalstraße 7).

Wozu kann man sie verwenden? Die schmalen Bänder eignen sich für Buchmerkzeichen, zur Verzierung von Schrankfächern und im Bauernhaus für das Eckbrettchen im Herrgottswinkel. Breitere Bänder dienen als Glockenzüge oder einfach nur als Schmuck für ein schmales, längliches Wandstück. Das 24 Zentimeter breite Band eignet sich für ein kleines Deckchen. Die Schmalseiten können mit Hohlsaum oder Fransen gesichert werden, was meist besser zur Handarbeit paßt als ein maschinengenähter Saum.

Zum Thema Deckchen sei gesagt, daß ein solches nicht immer mit einer Borte verziert zu werden braucht, die im Viereck den Rändern folgt. Weniger Arbeit und eine ähnlich gute Wirkung erzielen Sie, wenn das Bordürenmuster nur an den beiden Schmalseiten entlangläuft, wobei ein gebührender Abstand vom Rand einzuhalten ist. Für ganz Eilige genügt sogar ein Motiv in der oberen oder unteren linken Ecke oder in der Mitte des Deckchens. Freilich ist es gut, wenn man sich vorher überlegt, in welcher Umgebung es seinen Platz finden wird. Man kann sich mit Farbe und Muster nach dem herrschenden Stil richten. Ein chinesisches Set etwa war nur an der unteren Längsseite mit einem verhältnismäßig breiten Bordürenmuster bestickt und sah sehr apart aus.

Säckchen

Es ist nicht schwierig, ein kleines Geschenk auszusuchen, ein Stück Seife etwa oder ein Fläschchen Parfüm für die Damen, Rauchwaren oder Likör für den Herren, selbstgezogener Lavendel oder Gewürze, nett verpackt – aber wie?

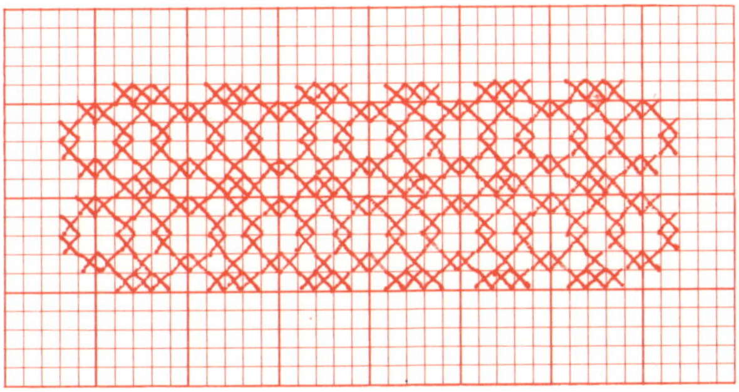

Nehmen Sie einen Stoffrest, besticken Sie eine Seite mit einem Rest Garn und nähen Sie das Ganze zu einem Säckchen zusammen, dessen oberen Rand Sie mit dem gleichen Garn einhäkeln. Verschlossen wird dieser kleine Behälter mit einer gedrehten Schnur. Vielleicht haben Sie aber gerade keinen Stoffrest, der sich zum Sticken eignet. Sicher finden Sie aber irgendein anderes Fleckchen kräftigen Stoffs, das Sie dazu benützen können, indem Sie Stramin fadengerade aufnähen. Nach dem Sticken werden die Straminfäden herausgezogen. Da es sich nur um kleinere Muster handelt, ist das überhaupt nicht schwierig. Stramin gibt es in verschiedenen Stärken. Für die kleinen Motive, die Sie verwenden, müssen Sie Stramin 4,8 oder 5,5 benützen.
Säckchen in verschiedenen Größen können zur Aufbewahrung von Brot dienen, zur Verpackung von Servietten oder des Reisebestecks, sie können nur auf einer Seite, aber auch auf beiden bestickt werden, die Rückseite kann auch den Namen des Beschenkten oder des Schenkenden tragen. Muster dazu finden Sie auf S. 90 und 102.

Sets

Meistens denkt man zu spät an das nahende Fest und steht unter Zeitdruck. Man braucht aber deswegen nicht auf ein selbstgesticktes Geschenk zu verzichten. Kaufen Sie ein fertiges Set, das womöglich aus einem leinenartigen Gewebe bestehen soll, auf dem Sie leicht sticken können. Wenn diese Qualität nicht erhältlich ist, helfen Sie sich mit Stramin. Das Wichtigste dabei ist, daß sie diesen fadengerade aufnähen. Um mir dieses Geschäft zu erleichtern, mache ich auf das zu bestickende Gewebe Vorderstiche in gut abstechender Farbe. Sie sehen nun deutlich, in welcher Richtung Sie den Stramin mit mittelgroßen Vorderstichen aufnähen müssen. Besonders hübsch ist es, wenn Sie zwei farblich verschiedene Sets verschenken, die entweder mit gleichem oder voneinander abstechendem Garn bestickt wurden (vgl. Motive S. 101, 102).

Schachteln

Zum Überziehen von Spanschachteln benützt man Siebleinen, bei dem die Größe eines Kreuzchens genau den Vorlagen in diesem Buch entspricht (2 mm). Man sucht ein Muster, das den Deckel locker ausfüllt, man kann es natürlich nach Bedarf abändern. Der Stoff wird so zugeschnitten, daß er auch noch den seitlichen Deckelrand bedeckt, an den er nach der Fertigstellung der Stickerei mit Pattex geklebt wird. Man unterlegt das Leinen mit weißem Stoff in der Größe des Deckels, damit es sich schön anlegt. Eine gehäkelte Borte oder ein Spitzeneinsatz wird über die Seite des Deckels gespannt, der Schachtelboden wird seitlich mit einer gestickten Borte verziert.

Maikrug

Rosina Fürst, 1689
(Muster S. 105)

Es gibt im engeren und weiteren Familienkreis zahlreiche Festlichkeiten, an die man mit einer besonderen Stickerei erinnern möchte: Ein Jubiläum, ein runder Geburtstag, eine Ernennung oder ein anderes freudiges Ereignis. Der nebenstehende »Maikrug«, ein typisches Barockmuster, ist für einen großen Behang geeignet. Er kann zusätzlich mit den Initialen des Empfängers oder dem Datum des festlichen Anlasses ausgestattet werden. Für die Größe des Motivs ist die Struktur des Stoffes ausschlaggebend. Berechnen Sie die Maße schon beim Stoffeinkauf! Behänge sollte man füttern, der Rand kann ausgefranst werden, nachdem er mit Hohlsaumstich befestigt wurde.

Große Tischdecke

Sammlung Watteck
(Muster S. 37, 107, 108)

Eine breite Borte läuft längs und quer durch die Mitte des quadratischen oder rechteckigen Tischtuches. Die großen Blumensprossen, die sonst gewöhnlich die vier äußeren Ecken ausfüllen, sind jetzt in die Mitte gerückt und nehmen von innen nach außen wuchernd eine zentrale Stellung ein. Auf der Mittelborte stehen je zwei große Blumenvasen und unterbrechen die Fläche. Kleinere Blumensprossen sind dazwischen gestellt.
Je nach der Größe des Tisches können auch andere Borten und Ecksprossen gewählt werden.
Der Vorteil dieser Stickerei ist, daß sie vollständig zu sehen ist und die ganze Tischplatte bedeckt. Der Rand wird dagegen in äußerst schlichter Weise verziert. Ein Hohlsaum oder eine schmale Randborte ist genug. Auf diese Weise kommt die schöne Stickerei voll zur Geltung.
Die dazugehörige Mittelborte finden Sie auf S. 37.

Literaturverzeichnis

Adler Margot, Bäuerliche Handarbeiten aus dem unteren Saalachtal, in: Salzburger Heimatpflege, 5. Jahrg. Heft 3, Nov. 1981 S. 159–168
Bauerreiß Romuald, Die heilige Achtzahl, in: Münchner Katholische Kirchenzeitung 1961 S. 452
Beitl Klaus, Liebesgaben, Zeugnisse alter Brauchkunst. München 1980
Engelmaier Paul, Westfälische Hungertücher. Münster 1961
Ortner Eugen, Glück und Macht der Fugger. München 1954
Sonderausstellung im Linzer Schloßmuseum 1979, Ostereier, Katalog.

Stickereien für dieses Buch fertigten an:

Frau Anna Hangl, München; Frau Annemarie Schwaiger, Kirchdorf; Frau Renate Renauer, Untergermering; Mrs. Margo Irwin, Radnor, USA; denen ich für ihre Mühe ganz besonders danke.

Bildnachweis:

Heimathaus Telgte; Österreichisches Museum für Volkskunde; Joachim Sowieja, Landesamt für Denkmalspflege, München; Albrecht Gierl, Rosenheimer Verlagshaus und Joseph J. Rink.

Mein besonderer Dank gilt Herrn Dr. Krins und Frau Kopittke, Heimathaus Telgte, Frau Margot Adler, Lofer, Frau und Herrn Pedrotti, Bozen und der unermüdlichen Hilfe meiner Tochter Angelika und meines Sohnes Albrecht.

 ISBN 3-475-52434-1

Das Buch erscheint in der Reihe »Rosenheimer Raritäten« im
Rosenheimer Verlagshaus Alfred Förg GmbH & Co. KG, Rosenheim.
Gesetzt, gedruckt und gebunden wurde es von der Druckerei Ludwig Auer in Donauwörth.
Die Stickmusterzeichnungen fertigte Ilse Schwaiger, München.